देश हराएको सूचना

- आकृति पाण्डे अर्याल

My Nation Is Lost

- Aakriti Pandey Aryal

बीस वर्ष पहिले म एक आशा र जीवनले भरिएको जवान किशोरिका अवस्थामा यस पुस्तकलाई पहिलो पटक प्रकाशित गरें। मेरा तत्कालीन आँखाले नेताहरूको अयोग्यताले लथालंगित भएको हाम्रो राष्ट्रलाई देखें। दुई दशक पछि, मैले सोचेको थिएँ यस राष्ट्रले पुनर्जन्म गर्नेछ र वास्तविक परिवर्तन ल्याउन सक्नेछ। तर, यस पुस्तकमा उल्लेख भएको संदेश आज पनि विचार गर्दा समान रूपमा प्रासंगिक बनेको छ। त्यसैले मैले यो पुस्तकलाई अङ्ग्रेजी अनुवादसहित पुनः प्रकाशित गर्ने निर्णय गरें। यस संस्करणमा मैले प्रत्येक कविताको अर्थ र सन्देशलाई प्रतिबिम्बित गर्न स्केचहरू पनि समावेश गरेको छु।

Over two decades ago, when the blush of youth painted my cheeks and hope surged through my veins, I first published this book. My teenage eyes bore witness to a nation on the brink, crumbling under the weight of inept politicians and leadership. Fast forward twenty years, and one would anticipate a nation reborn, rising phoenix-like from its past. Yet, the narrative I penned all those years ago remains heartbreakingly pertinent today. It's this undiminished relevance that drives me to breathe new life into these pages, presenting them anew with their English counterparts, enriched further by an evocative visual accompaniment.

प्रकाशक: OTVO LLC
Ste 1200, 1309 Coffeen Avenue
Sheridan, WY, 82801
otvo.io/publishing/

चित्र तथा कवर डिजाइन: OTVO LLC
कवरकला: दिवंगत कलाकार मनुज बाबु मिश्र

ISBN: 979-8-218-35796-2

अस्वीकरण: यस पुस्तकमा संग्रहित कविताहरू प्रतिस्पर्धीको सिर्जना र अभिव्यक्ति हो र व्यक्तिगत भावना, भाव, र दृष्टिकोणहरूको प्रतिबिम्ब गर्दछ। यसलाई पाठकको मजा र चिन्तनका लागि बुझाइएको छ र यसले प्रकाशकका दृष्टिकोण वा रायहरू वा तथ्यिक जानकारी प्रस्तुत गर्दैन।

अनुवाद, जहाँ प्रदान गरिएको छ, मौलिक कविताको मूल सार र आत्मा पकड्नको लागि प्रयास गर्दछ। तर, सबै अनुवादका साथ, मौलिक भाषामा उपस्थित अदृश्य वा सूक्ष्मता अनुवाद भएको संस्करणमा पूरा गरिएको छैन भन्ने धारणा गर्दैन। न लेखक न प्रकाशक अनुवादमा पूर्ण सत्यता को हामी गर्दैन वा मौलिक र अनुवादित पाठहरू बीचको कुनै पनि अनुभूत असंगतिहरूका लागि जिम्मेवारी स्वीकार गर्दैन।

यो पुस्तक साहित्यिक मूल्यांकनका लागि हो र पेशेगत सल्लाह वा तथ्यिक जानकारीको स्रोत को रूपमा प्रस्तुत गर्दैन। पुस्तकका कविताहरूबाट पाठकले तानेका कुनै पनि व्याख्या, भावना, वा निष्कर्षका लागि लेखक र प्रकाशक जिम्मेवार हुनेछैन।

दोस्रो संस्करण, २०२४

Published by OTVO LLC
Ste 1200, 1309 Coffeen Avenue
Sheridan, WY, 82801
otvo.io/publishing/

Illustrations and Cover Design by OTVO LLC
Cover Art by Late Artist Manuj Babu Mishra

ISBN: 979-8-218-35796-2

Disclaimer: The poems contained within this book are the creation and expression of the author and reflect personal sentiments, emotions, and perspectives. They are intended for the reader's enjoyment and reflection and do not necessarily convey factual information or the views and opinions of the publisher.

Translations, where provided, aim to capture the essence and spirit of the original poems. However, as with all translations, nuances or subtleties inherent to the original language may not be fully captured in the translated version. Neither the author nor the publisher can guarantee absolute accuracy in translation or assume responsibility for any perceived discrepancies between the original and translated texts.

This book is intended for literary appreciation and does not serve as a source of professional advice or factual information. The author and publisher shall not be liable for any interpretations, feelings, or conclusions drawn by the reader from the poems.

Second Edition, 2024

पूर्वलेख

कविताको जून

साँझ पर्‍यो कि याद आउने जुन कस्तो कविता आकृति पाण्डे लेख्दछिन्।
मा पढ्छु उनका कविताहरू, लाग्दछ – आकृति स्वयम् जून हुन्
आकाशमा, जसलाई बोल्नु थाहा छ।
अँध्यारोमा, मात्र अँध्यारोमा
पुर्णिमाको आकार कतै छ,
औंसीको आभाष कतै छ, तै पनि
परिचय कतै छिन्नभिन्न छैन
आकृति कविताको जून .... ।

– कवि, बाल आवारा

Foreword

Essence of Poetry

Just as the Moon I'm reminded of as the dusk falls,

Aakriti pens her verses.

I read her poems and feel -

Aakriti herself is the Moon,

Whom the sky recognizes.

Only in the darkness,

just in the darkness,

There exists a silhouette of the full moon,

The no-moon is out there somewhere,

Yet, its identity remains whole

Aakriti is the very essence of poetry's Moon.

By: Poet, Bal Aawara

पुरानो कवितात्मक सफरलाई नयाँ जीवन

दुई दशक पहिले, १४ वर्षीय युवा बालकको रूपमा, मैले मेरा भावना, सपना, र आकांक्षाहरूलाई चरणहरूमा राखें, जुन नेपाली भाषाका सुन्दर रंगहरूमा लेखिएका कविता संग्रहमा परिणत भए। त्यो संग्रह मेरो तरुण हृदयको प्रयास थियो, मेरा स्कूलका दिनहरूको भावना र सम्वेदना, जुन मैले आठौं श्रेणी देखि नै प्रारम्भ गरें। र अहिले, वर्षहरू पछि, मैले त्यस मायालु संग्रहलाई नयाँ प्राण पुर्याउने मिशनमा प्रवृत्त भइरहेको छ।

यस नवीकृत संस्करणमा, प्रत्येक नेपाली कविताले अंग्रेजीमा अनुवाद गरिएको साथी पाउँछ, जुन मूल अर्थ र महत्त्वलाई संरक्षण गर्न सोधियो। कवितामा अनुवादको चुनौती अत्यधिक छ; सधैंको उद्देश्य प्रत्येक कविताको आत्मा लाई संरक्षण गर्दै सार्वजनिक दर्शकसंग प्रतिस्पर्धा गर्ने हो।

तर, शब्दहरू मात्र यस सफरका साथी होइनन्। यसको प्रतिस्फूर्ति बढाउन, प्रत्येक कवितालाई एउटा स्केचसंग जोडिएको छ, जुन उसको मूल भावना लाई दृश्य रूपमा प्रस्तुत गर्नको लागि हातले तयार पारिएको छ। म विश्वास गर्दछु, यो केवल दृश्य सुधार मात्र होइन, यो कल्पनाका दुई संसार – दृश्य र शब्दको – मध्ये पुल बनाउनको प्रयास हो।

प्रतिस्पर्धा गर्दा, मैले मेरो पहिलो कविता प्रयास, मेरो प्रेरणा र मैले पाएको अत्यधिक समर्थनको महत्त्वलाई पुरानो भूमिकामा चिनाउँदै छु। म आदरपूर्वक यदि उचित कला प्रेमी मनोज बाबु मिश्रासंग आवरणको लागि सल्लाह लिन, कवि बाल आवाराका हृदयस्पर्शी शब्दहरू र मेरो सम्मानित पिताबाट पाइएको अचल समर्थनलाई सम्झन्छु।

अहिले, म अतीत र वर्तमानको संगममा खडा गर्दा, म फेरि पनि सबैलाई धन्यवाद दिन चाहन्छु जो मेरो कविता सफरमा भाग लिएका थिए र जो अहिले यस पुनरावलोकन सफरमा म संग छन्।

म आशा गर्दछु कि यो पुनरावलोकित संग्रह, उसका द्विभाषिक चरणहरू र दृश्य स्केचसंग, तपाईंलाई वर्षहरू पहिले लेखिएको युवा हृदयका अभिव्यक्तिहरूको गहिरो र व्यापक दृष्टिकोण प्रदान गर्दछ, जुन अझै पनि समयहीन भावनाहरूसंग गूँजिरहेको छ।

आशा र प्रत्याशासंग, म तपाईंलाई यो पुन: देखाइएको सफर प्रस्तुत गर्दछु। फेरि पनि, शब्द र स्केचको यस नृत्यमा मेरो साथ दिनुहोस्।

आकृति पाण्डे अर्याल

A Poetic Journey Revisited

Over two decades ago, as a young 14-year-old, I penned my feelings, dreams, and aspirations into verses, which culminated in a poetry collection, all written in the beautiful nuances of the Nepali language. That collection was my young heart's effort, an intimate exploration of emotions during my school days, beginning as early as the eighth grade. And now, two decades later, I'm embarking on a mission to breathe new life into that cherished compilation.

In this refreshed edition, each Nepali poem finds its counterpart in English, meticulously translated to retain its original essence and meaning. The challenge of translation, especially in poetry, is immense; the aim has always been to preserve the soul of each poem while making it resonate with a global audience.

But words aren't the sole companions of these poems in this journey. To further amplify their resonance, each poem is paired with a sketch, hand-drawn with an intent to capture and project its core sentiment visually. This, I believe, is not just an aesthetic enhancement but an attempt to bridge the two worlds of imagination - the visual and the verbal.

Reflecting back, the original foreword highlighted the significance of my first poetic endeavor, my inspirations, and the immense support I received. I fondly remembered consulting with the esteemed artist Manoj Babu Mishra for the cover, being touched by the heartwarming words from the poet Bal Aavara, and the unwavering support from my revered father.

Today, as I stand at the confluence of past and present, I wish to extend my heartfelt gratitude once again to everyone who was part of my poetic journey then, and to all those who join me now in this renewed voyage.

I hope this revised collection, with its bilingual verses and visual sketches, offers you a deeper and broader perspective of a young heart's expressions, written years ago but still echoing with timeless emotions.

With hope and anticipation, I present to you this revisited journey. Join me, once again, in this dance of words and sketches.

Aakriti Pandey Aryal

समर्पण?

कसलाई गरु म? ....!

गुराँस फुल्ने पखेरालाई गरूँ कि
हिंसा बेहोर्ने मैदानलाई गरूँ?

हाम्रो गौरव सगरमाथालाई गरूँ कि
समर्पण त्यो कालापानीलाई गरूँ?

शान्तिका दीप बुद्धलाई गरूँ कि
'माओ' का अनुयायीलाई गरूँ?

नेपालकै अतीत गोर्खालीलाई गरूँ कि
समर्पण आजका राजनीतिज्ञलाई गरूँ?

माटामा पसिना चुहाएर,
देश पाल्ने किसानलाई गरूँ कि
राष्ट्रको संविधानमा बाँधिन नसक्ने
हाम्रा राष्ट्राध्यक्षलाई गरूँ???

आखिर कसलाई गरूँ म समर्पण??!!
मैले त छिचोल्नै सकिन...

Dedication?

To whom should I bow?

Should I devote to the wings that let rhododendrons bloom,
Or to fields that only breed violence and doom?

Should Everest, our pride so vast, be the one to receive,
Or should I surrender to dark waters that continually
deceive?

To Buddha, the beacon of peace, should I bend my knee,
Or to 'Mao's' followers, who tread paths contrary to thee?

Should I devote to the Gorkhas, our history's brave might,
Or today's politicians, who often blur the right?

To the farmer, who bleeds sweat into the soil, nourishing our
land,
Or to our presidents, who fail to uphold the constitution's
stand?

To whom, in the end, should I dedicate this heart, so torn?
In whirls of confusion, I remain, unable to adorn...

विषयसूची / Table of Content

प्राक्कथन

आफू बाँचेको वरिपरिको वातावरणबाट प्रेरित र प्रभावित हुँदै प्रतिक्रिया जनाउने चोसोकै रूपमा स्रष्टाका अमूर्त भावना पोखिन्छन् र मूर्त रूप लिन पुग्छन् - रचना, सृजनाका रूपमा। प्रस्तुत सङ्ग्रहका कविताहरू पनि एउटी किशोरवयकी, भर्खरै पल्लवित - पुष्पित हुँदै समाजमा आफ्नो रचनात्मक - सृजनात्मक पहिचान बनाउन खोजिरहेकी कोपिलाको प्रयास हो। आफ्नो अधिकतर समय विद्यालयको पढाइमा र पढाई बाट फुर्सदका समयमा केही रमाइलोमा, हाँसेखेलमा बिताउने उमेरमा पनि केही समय र श्रम जगेर्ना गरि मनका अनुभूतिहरूलाई शब्दात्मक रूप दिएर उतार्नु निश्चय नै चानचुने र कम प्रशंसनीय कुरो होइन। उनको यस आरम्भिक लेखनीमै भावनाका जुन विविध पाटाहरू उत्रिएका छन्, तिनले कविताको फाँटमा नविन क्षितिज उघ्रने सम्भावना टड्कारै देख्न सकिन्छ।

बहिनी आकृतिको यस संग्रहका कविताहरूमा अतीतको गौरव प्रति श्रद्धा र सम्मान छ बने भविष्य प्रतिको आशा, उमङ्ग र विश्वास पनि व्यक्त भएको छ। उनमा वर्तमानको युगबोध पनि देखिन्छ जुन उनले युद्धको विभीषिका, त्यसले निम्त्याएको मानवपीडा, उकुसमुकुस र त्यसमा ठाडै अस्वीकृति द्वारा व्यक्त गरेकी छिन्। उनमा जीवनजगतलाई हेर्ने आफ्नो स्वकीय दृष्टिकोण पनि पाइन्छ जुन सृजनात्मक प्रतिभाको द्योत्तक हो। उनका कवितामा एकातिर समय - परिस्थितिले सिर्जिएका विडम्बनापूर्ण अवस्थाका पीडाका उच्छ्वास पनि छन् भने अर्कोतिर परिस्थिति - वातावरणको विद्रुपता चित्रण गर्दै त्यसमा सुधारको आकांक्षा र चुनौती सँग जुझ्ने आह्वान र अठोट पनि व्यक्त गरिएको छ ।

वर्तमान युगमा विश्ववातावरण नै हरेक हिसाबले धमिलिइरहेको महसुस हामी सबैलाई भइराखेको छ । पाइला - पाइलामा धोका, अविश्वासको ठक्कर सबैले खानुपरेको छ। यो सब हृदयपक्षको शुष्कता अर्थात् संवेदनशीलताको न्यूनताका कारणले नै भइरहेको छ। र यो शुष्कता दिनानुदिन पुस्तापुस्तामा झन्झन् विकराल रुपले भ्याँगीदै गइरहेको देखिन्छ। यस्तो शुष्कता र निरसताको अवस्था-वातावरणलाई चिर्ने यस्तै यस्तै प्रतिभाहरू हुन् - जो

वर्तमानको विकृतिलाई औँल्याउँछन् पनि र विपरीत परिस्थितिलाई परिवर्तन गर्न आँट हाँक पनि दिन्छन् - आफ्नो लेखनीका माध्यमबाट।

साहित्यको सेवा गर्ने प्रयास आफैमा स्तुत्य हुन्छ, फलीभुत भएमा झन् गौरवमय। भाव घनीभूत भएर सकारात्मक दिशातर्फ डोर्याउने खालको भइदियो भने त स्रष्टाका लेखनीको सार्थकता नै भइदिन्छ। आकृति बहिनीको यो प्रयास पनि प्रशंसनीय छ । हार्दिकता, उदात्तता, शाश्वत सत्यता आदि गुणहरू क्रमशः उत्तरोत्तर रूपमा निखारिदैं खारिदैं जाऊन् - एउटी संवेदनशील सहृदयी पाठिका साहित्यानुरागीको हैसियतले मेरो शुभकामना।

उनकै शब्दमा -

पाइला हटाउने होइन, शक्ति जुटाउने हो
युगसँगसँगै तिमीले
पाइलाको चाल पनि फेर्नुछ

परिवर्तनको आँखाले अब
यो विश्वलाई हेर्नुछ
किनकी, युग फेरिदैं छ।

पाट्टिएका खुट्टाहरू तिमीले
तन्काउनु छ अब
निदाएको चेतना तिम्रो
जगाउनु छ अब
केवल कठोर यात्रालाई बुझ
'विश्राम' लाई होइन
हिजो र अजमा पनि अब ठूलो अन्तर छ,
किनकी युग फेरिदैं छ ।

पल्लवित पुष्पित बिरुवालाई यथोचित सिञ्चन संरक्षण सबै बाट प्राप्त होस् र समाजले सुगन्धित बन्ने सुअवसर पाओस् - बस यही शुभेच्छा।

उदीयमान प्रतिभालाई स्नेह-शुभकामनासहित यस्तो भावना अभिव्यक्तिको निरन्तरता र सार्थकताका लागि ईश्वरसँग प्रार्थना गर्दछु ।

साधनासिंह शाही
पूर्व प्राचार्य (ब्रिलियन्ट उच्च मा. वि.)

Foreword

Inspired and influenced by the environment in which one grows up, an artist pours out their intangible emotions and gives them a tangible form - as creations, as works of art. The poems in this collection too are efforts of a budding teenager, freshly blossoming, seeking to carve out a creative identity for herself in society. At an age where most of one's time is devoted to school studies and some leisurely activities during free hours, sparing time and effort to express one's feelings in words is undoubtedly commendable. The diverse shades of emotion reflected in her nascent writing hint at the potential to carve new horizons in the realm of poetry.

In the poems of this collection by Aakriti, there's reverence and respect for the glorious past, but also hope, enthusiasm, and faith in the future. They display a contemporary consciousness which she has portrayed through the horrors of war, the human suffering it inflicts, and the unequivocal denunciation of it. One can also find her unique perspective on life, which is a beacon of her creative talent. On one hand, her poems capture the agonizing sighs of the contradictory states created by time and circumstance, while on the other, they portray the adversities of the environment, emphasizing the need for reform and presenting a challenge against these adversities.

In today's era, we all feel the world environment is staggering in every possible way. Everyone has had to endure the jolts of deception and distrust. This is predominantly due to the drying up of compassion, meaning a decrease in sensitivity. This desiccation is seen growing progressively grotesque with each passing day. It is such talents that confront this current deformity and also challenge adverse situations, expressing themselves through their writings.

Serving literature is commendable in itself, and when it bears fruit, it becomes even more honorable. If the concentrated emotion can steer towards positivity, it validates the writer's efforts. Aakriti's endeavor is praiseworthy. With continuous refinement, qualities like diligence, loftiness, eternal truth, etc., will keep enhancing. As a sensitive, literature-loving reader, I offer my best wishes. In her words,

"It's not about taking steps, it's about gathering strength, With changing times, You will also change your stride.

Now, with the eyes of transformation, You will view the world, Because the era is changing.

The chained feet, you will have to unlock now, Your dormant consciousness, You will have to awaken now. Understanding only the tough journey and not 'rest', There's a vast difference between yesterday and today, Because the era is changing."

May the budding and blossoming talent get all the appropriate care and protection, and may society have the opportunity to blossom from it - these are my wishes.

I pray to God for the continuity and relevance of such emotions and expressions for the rising talent.

With love and best wishes,

Sadhana Singh Shahi

Former Principal (Brilliant College)

१. जिउँदा लासहरू

1. The Living Deads

१. जिउँदा लासहरू

देश रोइरहेको बेला
आँसुका थोपा गन्दै
एउटा
बेवारिसे लासझैँ
चुचाप केवल चुपचाप
मौन छन् आज
जिउँदा लासहरू।

आज,
देश जोडतोडले चिच्याईरहेछ
तर यी दुईखुट्टे खम्बाहरू
ठिङ्ग उभिईरहेछन्
र कारकार्ती हेरिरहेछन्,
देशलाई
अनि मापन गर्दै छन्
देशको चिच्याहटलाई
आज,
जिउँदा लासहरू।

हेर,
आज देश 'अनाथ' छ
बेसहारा भएको छ

अनि
एक्लो भिकारीझैँ
हात फैलाएर माग्दै छ ऊ बुद्ध,
भीमसेन अनि पृथ्वीलाई
तैपनि,
रित्तो छ उसको झोली
र उसको रित्तोपनलाई लठेब्रोझैँ
एकटकले हेर्दै छन्
र पनि मौन छन् आज
जिउँदा लासहरू।

सुन त!
देश केही बोल्न खोज्दै छ
आज एकाएक
आफ्ना भावना सुनाउन खोज्दै छ
तर छैन,
अहँ, कोही छैन उसको बोली चिन्ने
भावना सुन्ने अनि उसको प्रश्नलाई केलाउने
सबै आफ्नै
अनि केवल आफ्नै धुनमा छन्
आज यहाँका
जिउँदा लासहरू ।

हेर,

त्यसैले त आज देश लाचार भएर
विवश छ
अनि
रुँदै कराउँदै आफ्नो
किनकी,

को छ उसको?
त्यहाँ पनि

दर्शक नामका
जिउँदा लासहरू
जिउँदा लासहरू।

1. The Living Deads

When the nation weeps,

Shedding tears as it sweeps,

One stands alone,

Silent as a desolate stone,

Quiet today,

Are the living dead, in dismay.

Today,

The country is torn asunder, it's true,

But these two pillars stand askew.

They gaze far and wide,

At the land, side by side,

And they measure its tearing strife,

Today,

The living deads.

Look,

Today the nation's an 'orphan' in plight,

Abandoned, without respite.

And like a lonely beggar, so slight,

It stretches hands begging, in the night,

From Buddha, Bhimsen, and Prithvi, to view,

Yet,

Its bowl remains empty, its rue.

Watching its emptiness without ado,

Are those, just like the statue,

Yet silent today,

Are the living dead, in the fray.

Listen!

The nation seeks to speak, it contends,

Suddenly, its emotions it intends to send,

But no one's there,

Alas, none to understand its affair.

No one to hear its heartfelt plea,

All lost in their melody.

Today here,

Are the living dead, year by year.

२. नेपाल ओझेलमै छ

2. Nepal: Lost in the Shadows

२. नेपाल ओझेलमै छ

आज म थकित छु
एकदमै थकित
कहिल्यै नमेटिने थकाई लागेको छ मलाई
शारीरिक थकाई होइन यो,
पटक्कै होइन,
यो त केवन मानसिक रूमा दिक्दारिएको थकान हो।
मेरो कल्पनामा मैले विश्वको मानचित्र देखेँ
अनि,
त्यहीँ देखेँ
एउटा चेपमा च्यापिएको 'नेपाल' जो
मौलिकता माग्दै छ,
शान्ति माग्दै छ अनि
आफ्ना प्राणभन्दा पनि प्यारा सन्तानको
जीवनका निम्ति हात फैलाउँदै, रुँदै छ।
आफ्नो वक्षस्थलको न्यानोपन दिएर
हुर्काएका सन्तान
आफ्नै छातीमा पछारिएर मर्दा कस्तो हुँदो हो?
ममताको न्यानो कम्बल ओढाएर
हुर्काएका सन्तानले
मातृत्वको मर्म नबुझ्दा कस्तो लाग्दो हो?

सुनाखरीको सुगन्ध, गुराँसको सौन्दर्य अनि,
कलकलाउँदा छहराहरूको माधुर्यमा हुर्केका,

गौतमबुद्धको उपदेश, भृकुटी-सीताको ममता अनि,

जनकको संरक्षणमा बढेको,

नेपालीजातिले आज

बन्दुकको भाषा र गोलाबारुदको वर्णमाला सिकेका छन्

हलो, कोदाली बोक्ने यी नेपाली हातहरूले

बन्दुकको नाल समातेका छन्,

कृषिका निम्ति पोखिनुपर्ने सीप

'बम' बनाउनमा खर्चिएको छ।

के आशा गरेकी थिइन् नेपालआमाले, तर

खेद छ, ग्लानी छ अनि हीनता छ मलाई

कि उनको सपना र आकांक्षाहरू

बारुदको गन्धमै रुमल्लिएको छ।

विश्वमानचित्रमा उनको झुकेको शिर

ओझेलमै छ, अझै ओझेलमै छ।

2. Nepal: Lost in the Shadows

I'm exhausted today,

A fatigue that doesn't fade away,

Not of the body, but the mind,

A weariness of a different kind.

In my mind, I scan the world map wide,

And there, in a corner, pushed aside,

Is 'Nepal', craving identity, peace, and more,

Her children's safety she implores.

The softness of her bosom has become a burdened bed,

For her children who are misled.

Wrapped in maternal warmth, would they ever understand?

The pain of a mother when her children harm their own

homeland?

In the fragrance of golden paddy, the beauty of rhododendron

tall,

And melodies of streams that enthral,

The teachings of Gautam Buddha, the love of Sita's gaze,

Under Janak's protection, the olden days,

Now, Nepali hands, once skilled to till the soil,

Learn the language of guns, and turmoil.

Hands that should nurture crops now know the gun's heft,

Skills for farming, for bomb-making are left.

Nepal's dreams and hopes lie crushed and sprawled,

In the stench of gunpowder, they're enshrouded and appalled.

On the world's canvas, her lowered head hides,

Lost in the shadows, there she abides.

३. दुई तरुलबिचको ढुङ्गा

3. The Stone Between Two Saplings

३. दुई तरुलबिचको ढुङ्गा

यो दुई चट्टानबिचको तरुल होइन
दुई तरुलबिचको ढुङ्गो हो
छिमेकी तरुलबाट मलजल पाएर
हुर्कँदै-हुर्कँदै
यति ठूला भइसके
अब त,
छिप्पिने बेला भइसक्यो,
तर यो ढुङ्गो जत्राको तत्रै छ
अब त यही सानो ढुङ्गो पनि
फुटेर टुक्राटुक्रा हुने बेला भइसक्यो
भित्रभित्रै खोक्रो भइसकेको छ यो,
अब त केवल,
बाहिरी सतह फुट्न बाँकी छ
र फुटेर,
तिनै छिमेकी तरुलहरूका लागि
मलिलो माटो बन्न मात्र बाँकी छ

3. The Stone Between Two Saplings

This isn't a sapling between two rocks,

It's a stone between two saplings.

Growing big from the moisture of its neighboring sapling,

Thickening and expanding,

Now,

Its time to crumble is near,

Yet, the stone remains unyielding.

Soon, even this small stone

Will fragment and shatter,

Its core has weakened,

Only its exterior remains intact.

And when it breaks,

For its neighboring saplings,

It will become nothing but fertile soil.

४. मुक्ति

4. Liberation

४. मुक्ति

हिजोसम्म,
जिन्दगीका मीठा सपना अनि
भविष्यको सुन्दर कल्पना लिएर
अरू केही नभए पनि
केवल दुई छाक टार्ने नाममै
अलिकति जोस थियो उसमा ।

जिन्दगीलाई,
बडो प्रेम गर्थ्यो ऊ
भविष्यलाई,
असिम आदर गर्थ्यो
अनि,
नैतिकतालाई उच्च सम्मान पनि
सायद त्यसैले,
उसले कहिल्यै स्वाभिमान बेच्न जानेन।

उदाहरण थियो
आफ्ना समकालीनमाझ
तर,

यो सरलता हेपिने देशमा
सदा जीवन ठगिने देशमा
अनि

विचारको कदर नहुने देशमा
उसको नैतिकताले ठाउँ पाएन।

जारी नारा लाग्नु, लागिसके
जाति गाली पाउनु, पाइसके
हिजोसम्म
ऊ एक्लो थियो तर
कमसेकम उसँग जिन्दगी थियो
उसको खोक्रो जिन्दगी।

आज,
ऊ 'लास' भएको छ
आफ्नो शरीरभरि उसले
आज फूलका बुकी अनि गुच्छाहरू पाएको छ
तर अपसोच,
त्यहाँ श्रद्धाञ्जली छैन ...
उसले,
सबका आँखामा देखावटी आँसु पाएको छ
तर विडम्बना,
त्यहाँ समवेदना छैन।

अहिले,
क्षणभरमा,
ऊ खरानी हुनेछ
तर, ऊ धेरै खुसी छ
उसमा कुनै ग्लानि छैन

हेर,
यो स्वार्थी सन्सारबाट आज
उसले 'मुक्ति' पाएको छ, मुक्ति पाएको छ

●

4. Liberation

Until yesterday,

With sweet dreams of life and

Beautiful visions of the morrow,

He carried a spark, albeit slight,

In just the act of drawing two breaths.

He loved life,

Revered the future,

And held morality in the highest esteem.

Perhaps that's why,

He never sold his pride.

A beacon among his peers,

Yet,

In a land where simplicity is deceived,

In a land where life is ever betrayed,

And where thoughts are rarely esteemed,

His virtue found no ground.

Face the shouts, he did,

Bear the racial slurs, he bore.

He was alone, but

At least he had life,

His tiny existence.

Today,

He's become a 'corpse',

Adorned with bouquets and clusters of flowers.

Yet, alas!

No genuine tribute lies there.

His eyes find tears of pretense,

But the irony,

No real empathy is there.

Soon,

He'll be ashes,

But he is content, free of resentment.

See,

From this selfish world today,

He's found his 'liberation', his sweet liberation.

५. देश हराएको सूचना

5. My Lost Nation

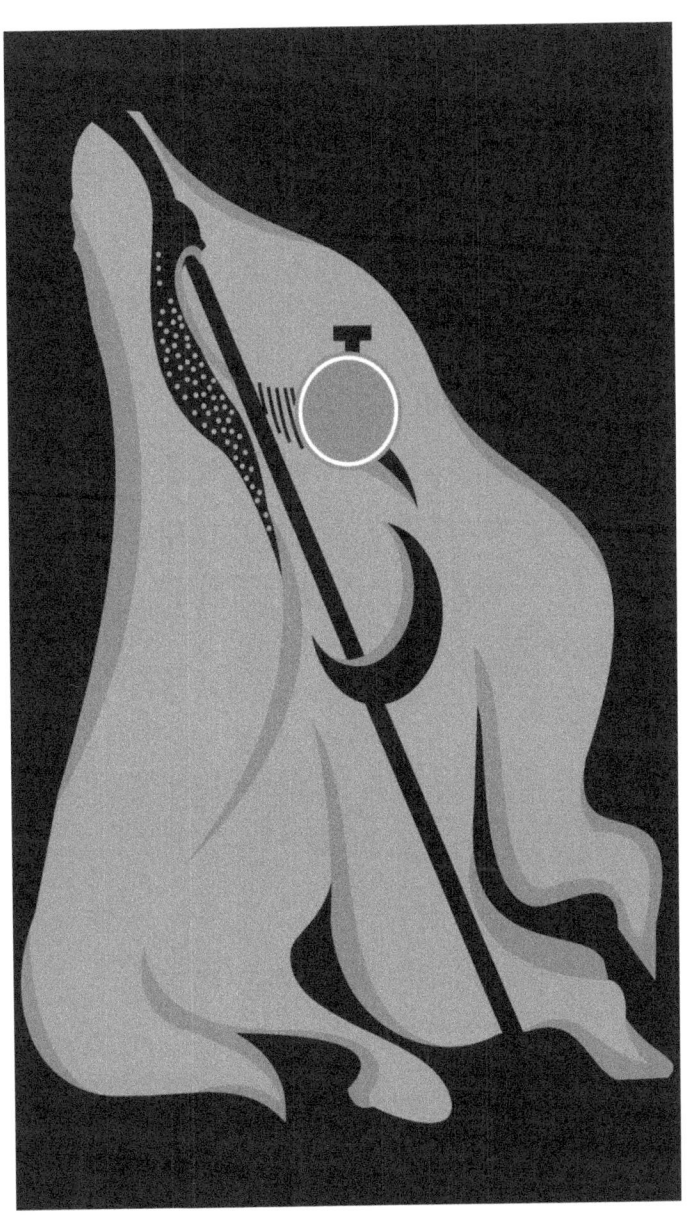

५. देश हराएको सूचना

म,

माथि आकाश देख्छु, तल धर्ती पनि देख्छु,

तर पनि,

कुन्नि किन सोध्न मन लाग्छ

खोइ, मेरो देश चाहिँ कता छ त?

यही त हो तिम्रो देश,

सबै यस्तै भन्छन्।

तर म,

म यहाँ मेरो देश देख्तिनँ,

यो माटोमा मेरो देशको सुगन्ध छैन

यो आकाशमा मेरो सेतो परेवा जोडी छैन

अहँ, यो मेरो देश होइन।

म,

यतातिर किनकिन

कसैलाई नेपाली देख्तिनँ

कहीँ पनि मेरा

दाजुभाइ अनि दिदीबहिनी भेट्तिनँ

खोइ किन,

यहाँ कुनै शिरमा ढाकाको टोपी छैन,

दौरासुरुवाल अनि गुन्युचोलीको अस्तित्व छैन,

अहँ, यो मेरो देश पटक्कै होइन।

आँखा डुलाउँदा,
वरिपरि पाखा र पहरा छन्,
नदीनाला अनि छहरा पनि छन्
तर, अझै सोध्न मन लाग्छ,
खोइ, मेरो गाउँ चाही कहाँ छ?

सबै यही हो भन्छन्,
तर... उफ् !
यी पाखामा मेरो गुराँस फुलेको छैन,
यो पहरामा मेरो डाँफे नाचेको छैन,
अनि यी नदीमा म आज,
मेरो इन्द्रावती, राप्ती अनि बागमतीको छल देख्तिनँ,
आज मेरो देश हराएको छ,
आखिर कहाँ हरायो मेरो देश? कहाँ हरायो??

•

5. My Lost Nation

I look up at the sky, and then down at the earth,
Yet, a question in me gives birth,
Where, oh where is my land's hearth?
"This is your homeland," they all exclaim,
But I, I can't see its familiar frame,
No scent of my soil, no sky with the same gleam,
Alas, this isn't my dream.

Here, none recognize my Nepali grace,
Nowhere can I find my brother's face,
Nowhere does a Dhaka topi lace,
No presence of Daura-Suruwal, or Gunyu-Cholo's trace,
Oh no, surely this isn't my place.

I see mountains and watchtowers, rivers that flow,
Yet, my heart yearns, and wants to know,
Where's my village, where did it go?

They say it's all here,
But, oh dear!
These mountains don't have my rhododendron's cheer,
No Danphe dances in this atmosphere,
And in these rivers, I don't see my Indrawati, Rapti, or
Bagmati clear.

Today, I've lost my nation, it's nowhere near,

Where has it gone? Oh, where, oh where?

६. माग नेपाल आमाको

6. Mother Nepal's Plea

६. माग नेपाल आमाको

एकपल्ट फेरि सम्झ ती गौरवगाथाहरू
एकपल्ट फेरि सम्झ वीर नेपालीका कथाहरू
सम्झँदै जाऊ झुकेनन् कहिल्यै नेपालीका माथहरू
अनि गाउँदै जाऊ, गाउँदै जाऊ
गौरवका गीतहरू ॥

हेर्दै हेर्दै जाऊ है तिमी इतिहासका ठेलीहरू
हरेक पाना अनुच्छेद अनि हरेक शब्दशब्दहरू
जहाँ तिम्रा आँखा पुग्छन् त्यहीँ गर्वका कथाहरू
निरन्तरता दिँदै जानू हे आघौँका वीरहरू॥

इतिहासको सम्मान तिमी सधैँसधैँ गर्नू है
नवइतिहासको निर्माण पनि सँगसँगै लैजानू है
झुक्न कहिल्यै नदिनू वीर पुर्खाका शिरलाई
यही हो नेपाल आमाको माग नेपाली वीरलाई
यही हो नेपाल आमाको माग नेपाली वीरलाई।।

6. Mother Nepal's Plea

Once again, recall those tales of pride,
Once again, remember the stories of brave Nepalis wide,
The foreheads of Nepali souls, they never bend, never slide,
And let's sing, oh let's sing,
The songs of honor and stride.

Witness the pages of history, each chapter, each guide,
Every section, every word, where our pride does reside,
Wherever your gaze lands, tales of honor confide,
Honor the heroes past, their legacy amplified.

Forever respect the history that's on our side,
And simultaneously carve the stories of today's tide,
Never let the valor of our ancestors hide,
This is Mother Nepal's plea, to her brave child, worldwide.
This is Mother Nepal's plea, to her brave child, beside.

७. जन्जिर

7. Chained

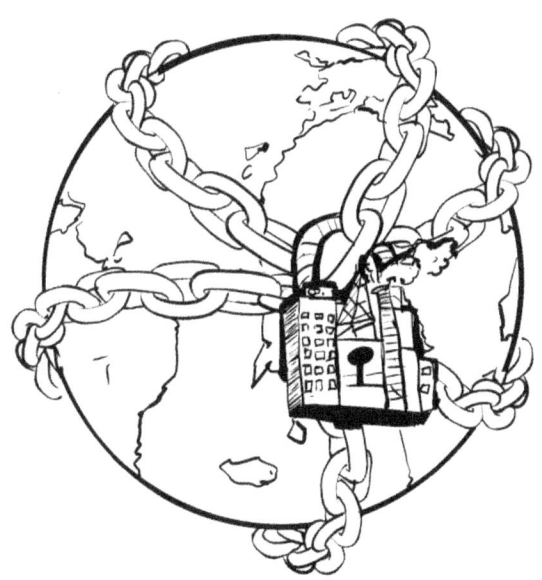

७. जन्जिर

आज, शून्य छ आकाश
किनकी आकाशको चमक चोरी भइसक्यो,
अचेल,
प्रकृति मलिन छिन्
उनको मुस्कान खोसिइसक्यो,
धरती पनि,
आजकल मौनतामै
केवल मौनतामै बाँचिरहेकी छिन्।

उनको इज्जत त धेरै पहिल्यै लुटीइसक्यो,
हिजोआज,
वसन्त आउँदा पनि,
वसन्तले,
फूल फुलाउन छोडेको छ,
प्रकृतिको बैँस शून्यतामा अडिएको छ।

खोइ कुन्नि, किन हो;
अचेल त उद्यानबाट पनि
धुवाँको गन्ध आउन थालेको छ
प्रकृति एकटकले हेरिरहेकी छिन्
डाँडापाखा,
पर्वत,
घोसे मुन्टो लगाएर बसेका छन्।

चुपचाप, केवल चुपचाप
निसास्सिएँ यो देखेर,
आफैले आफैलाई सोधिहेरेँ
र आफैभित्र देखेँ
नेपालमाता त आज जन्जिरले बाँधिएकी छिन्।

7. Chained

Today, the sky seems void,

Its gleam, discreetly purloined.

Nature appears tainted now,

Its smile, somewhere lost, somehow.

Even the earth,

In silence, it dwells,

Living solely in hushed spells.

Its honor was plundered long before,

Now, even when spring is at the door,

Spring itself,

Refrains from letting blossoms soar,

Nature's voice, stuck in a silent roar.

From where, and why so?

Even from the gardens, now blow,

Scents not of flowers but smog's throes.

Nature gazes endlessly,

Hills,

Mountains,

Silently watch, sitting on their toes.

Quietly, just quietly,

Gasping at this sight,

It questions itself, seeks light,

Peering deep within its might,

Our Mother Nepal, seems chained so tight.

८. म बौलाएको दिन

8. The day I lose my senses

८. म बौलाएको दिन

यो बौलाहाहरूको देशमा
कतै,
म पनि बौलाएँ भने
म बौलाएको दिन
बिन्ती,
मलाई पागलखाना नलानू

यो
'परिवर्तन' को जाडोले कठ्याङ्ग्रिएर
'फेसन' को आगो तापेर
'युवाजोस' को कम्बल ओढी बस्ने
बौलाहाहरूको बिचमा
मेरो,
दिमागी 'नट' फुस्केछ भने पनि
बिन्ती,
मलाई पागलखाना नलानू

यहाँका बौलाहाहरू,
आमाको ठूलो भकारी फोरेर

आफ्नो,
चुहिने घैँटो भर्न खोज्छन्,
राष्ट्रियताको राजमार्ग

भत्काएर,

उडाएर,

फुटाएर,

स्वार्थको गोरेटो खन्छन्

यस्ता नालायक बौलाहाको बिचमा

मेरो दिमाग पनि सायद

लाचार होला।

त्यसबेला

कतै,

म पनि साँच्चै बौलाएँ भने

त्यो दिन,

बिन्ती,

मलाई पागलखाना नलानू!

यहाँका बौलाहाहरू, विदेशी संस्कृतिको आडमा

विदेशी सङ्गीतको चालमा

स्वदेशी गीत गाउँदै

"नजानू विदेश" भन्छन्!

'रक-पप' को शैलीमा

"हे राम, हरे कृष्ण" फलाक्तै

छाती फुलाएर यहाँ

मुन्द्रे र जगल्टेहरू

"आइ एम् नेपाली" कुर्लदैं

घोक्रे स्वर फुक्ने

नौटङ्की बौलाहाहरूको बिचमा
कतै,
म पनि बौलाएँ भने
म बौलाएको दिन
बिन्ती,
मलाई पागलखान नलानू!

8. The day I lose my senses

In this land of eccentrics,

Somewhere,

If ever I become unhinged,

On that very day of my madness,

I plead,

Don't take me to the asylum!

In this realm,

Bewitched by 'change',

Burned by the fire of 'fashion',

Wrapped in the blanket of 'youthful zest',

Amongst such mad souls,

Even if my mind's bolt becomes loose,

I beseech,

Don't take me to the asylum!

Here, the madmen,

With mouths gaping like vast voids,

Seek to fill their insatiable bellies,

Straying from the path of patriotism,

Flying, wandering, and digging deep into self-interest,

Among these inept madmen,

My mind too might be overwhelmed.

Then,

If ever I truly lose my senses,

On that day,

I plead,

Don't take me to the asylum!

Here, the crazies, under the shadow of foreign culture,

Moving to foreign tunes,

Sing indigenous songs proclaiming, "Don't go abroad!"

In the style of 'rock-pop',

Chanting "Hare Rama, Hare Krishna",

With chests puffed up,

The pierced and tattooed ones shout,

"I am Nepali",

Amidst these loud, theatrical eccentrics,

If I too ever become one,

On the day of my madness,

I implore,

Don't take me to the asylum!

९. म धेरैबेर निदाएँछु

9. I Drifted Away For Far Too Long

९. म धेरैबेर निदाएँछु

म निदाएको धेरैबेर भइसक्यो
तर,
तर खै, निद्राले जाग्ने नामै लिन्न ...
... यौटा सुन्दर देश,
साँच्चै कति ईर्ष्या लाग्दो
पवित्र, शान्त, मनोहर ।
एक्कासी, भयङ्कर आज गुन्जियो मेरो कानमा
यौटा अनौठो गन्ध फैलियो वरिपरि
यौटा विचित्रको छायाँ पर्यो मेरो शरीरमा
म झस्किएँ सपनाबाट
विडम्बना,
त्यो सुन्दर दृश्य धेरैबेर हेर्न लेखेको रैन'छ।
आँखा खोल्दा देखेँ
ममाथि तोपको छायाँ खनिएको छ,
मेरो देह, बारुदको गन्धमा रुमल्लिएको छ
र,
र मेरो कान बहिरो हुन लागिसक्यो
त्यो भयप्रद आवाजको झङ्कारले
म यहाँ एक्लो छु, केवल एक्लो
समाचारको आशामा आकाशतिर हेरेँ

सेता परेवाको ठाउँ त सबै
काग अनि गिद्धले ओगटेछन्

दिक्दारिएँ र घोप्टो परेँ
लौ,
धान काटेर परालको थुप्रो लाएझैँ
मान्छे काटेर हातखुट्टाको थुप्रो लगाएको देखेँ।
म अनायासै
टोलाउन पुगेँ अनि आफैलाई हेरेँ
जीउभरि रगतका चिताहरू, धब्बाहरू
पखाल्न खोलानजिक पुगेँ र देखेँ,
खोलामा पनि रातो पानी बगिरहेको रहेछ।
त्यसपछि मनैमन मैले आफैलाई थुकेँ
र सोचेँ, "साँच्चै म त धेरैबेर निदाएँछु, धेरैबेर।"

9. I Drifted Away For Far Too Long

Often, I find myself adrift in sleep,

Yet,

Awoken by dreams that creep...

...of a beautiful land,

One that induces pure envy,

Sacred, calm, and so grand.

Suddenly, a chilling scream pierces my ear,

An unusual scent envelops,

A shadow forms, inducing fear,

I jolt from dreams so deep.

Ironically,

Such beauty I've yet to truly reap.

Eyes open, I see

A cannon's shadow cast over me,

My body reeks of gunpowder's spree,

And,

The deafening roars leave my ears free.

Here I stand, utterly alone,

Eyes skyward, hoping for news known.

Below, scavengers claim what's theirs,

Crows and vultures, void of cares,

Shelters destroyed, homes in heaps,

Like straw, humans too are stacked in heaps.

I reach my village and take a glance,

Bloodied trails, every chance,

Rushing to the river, seeking a cleanse,

But even its waters bear a crimson dance.

I then spat at my reflection,

And thought, "I truly drifted away for far to long. Far too long."

१०. शून्य

10. Void

१०. शून्य

सबथोक शून्य छ यहाँ
आज हरक्षण शून्य छ
धर्ती शून्य छ आकाश शून्य छ
वन, पाखा, पहरा
नदि-नाला शून्य छ
विनाशको आगोले लपेटिएर यहाँ
विकास शून्य छ।

आज,
मानिसको दिमाग शून्य छ
उसको हेराइ शून्य छ
पढाई लेखाइ अनि गराई शून्य छ
ऊ आफैमा खोक्रो छ केवल खोक्रो
किनकी उसको यो सन्सारप्रतिको
दृष्टि शून्य छ
समयको प्रवाह शून्य छ
स्वयम् प्रकृतिको शून्यताले
आज सेता परेवाको जोडी शून्य छ।

चियाएर हेर यो संसारलाई तिमी,
हिजोआज यो सन्सार शून्य छ,
अगाडीपछाडी, दाँयाबाँया
सब शून्य छ।

तिमि शून्य, म शून्य
कतैबाट हामीलाई
नियालिरहेको बुद्ध शून्य छन् आज
अनि
सायद त्यसैले उनको आँसु पनि
केवल शून्य! शून्य!! अनि शून्य छ!!!

10. Void

Here, all seems void and still,
Every moment, an empty thrill.
Earth is void, so is the sky,
Forests, birds, mountains high.
Rivers, streams, all feel so dry,
Engulfed in flames, development's lie.

Today,
Human minds are vacant, clear,
Their visions and hopes disappear.
Education, writings, actions - none so bright,
Lost in themselves, a mere oversight.
For their world view is purely slight,
Time stands still, without a ray of light.
Nature's emptiness now holds tight,
The bond of snowy pigeons is out of sight.

Look around, witness this expanse,
Yesterday's world, today's absence.
Forward, backward, left and right,
Everything's engulfed in the endless night.

You're void, I'm void,
From somewhere, the Buddha too seems voided, quite coyed.

And

Perhaps that's why his tears deploy,

Only emptiness, void! Void!! And void!!!

११. म बनेकी छु

11. I've Become

११. म बनेकी छु

म आज एक बेचिएकी चेली बनेकी छु
उनको छायाँ देखाउने दर्पण बनेकी छु
उनका तीता भावना पोख्ने कलम बनेकी छु
त्यो फुस्रो जीवनको मानचित्र बनेकी छु
उनको खोक्रो समय केलाउने सुई बनेकी छु
औंसीको रातजस्तो उराठ लाग्दो जिन्दगी सुनाउने
कथाकार बनेकी छु
घोप्टिएको हाँडीजस्तो अन्धकार उकेल्ने मसी बनेकी छु
हो, म त्यही बेचिएको चेली बनेकी छु।

म आज एकाबिहानैको छमछम पाउजू बनेकी छु
हातको चुरा र कानको झुम्का बनेकी छु
मेहदीले रङ्गिएको हात र बहुरङ्गी पहिरन बनेकी छु
वेदनामिश्रित हाँसो जमेको चिच्याट लाग्दो
नृत्य बनेकी छु
एउटा कोठामा सीमित सन्सार बनेकी छु
उही पुरानो आँसु र आँसुले भिजेको
ओछ्यान बनेकी छु
सुक्ने सानो समय पनि नपाएको ती परेला बनेकी छु
हो, म त्यही बेचिएकी चेली बनेकी छु ।

11. I've Become

In shadows cast, I'm the maiden traded,

A reflection of desires, not of my own making.

In his world, my spirit he tries to pen,

Bound by chains I cannot comprehend.

Time's fleeting, yet I remain confined,

Whispering tales of dreams left behind.

Under the weight of a silent moon's plight,

I shine, resisting the encroaching night.

For I'm that maiden, lost, yet not wholly gone.

With morning's tender touch, I'm his pawn,

A trinket on his wrist, a melody unsung.

Hands painted in dreams I once knew,

My dance hides sorrows, veiling them in hue.

Trapped within walls that silence my tune,

Eyes clouded, seeking solace from the moon.

Shielded from rains, yet drenched deep inside,

Indeed, I have become that maiden, where hopelessness reside.

१२. युग फेरिदैं छ

12. Time for Change

१२. युग फेरिदैं छ

युग फेरिँदै छ,
हेर! अब समय कोल्टिदै छ
परिवर्तन हुनुछ हामीले
क्षणक्षणको परिवर्तनसँगै
हे अल्छिएका देहहरू हो! जोसिनु छ
तिमीहरूले अब
हे निदाएका आँखाहरू हो! नियाल्नु छ
परिवेशलाई अब
किनकी, युग फेरिदैं छ ।

हे युवाहरू हो,
तिम्री आमाको इज्जत तिमीहरूकै हातमा छ
धर्तिमाताको आशिर्वाद तिमीहरूकै माथमा छ
अब,
पाइला हटाउने होइन, शक्ति जुटाउने हो
युगसँगसँगै तिमीले
पाइलाको चाल पनि फेर्नुछ
परिवर्तनको आँखाले अब
यो विश्वलाई हेर्नुछ
किनकी, युग फेरिदैं छ।
पाट्टिएका खुट्टाहरू तिमीले
तन्काउनु छ अब
निदाएको चेतना तिम्रो

जगाउनु छ अब
केवल कठोर यात्रालाई बुझ
'विश्राम' लाई होइन
हिजो र अजमा पनि अब ठूलो अन्तर छ,
किनकी युग फेरिदैं छ ।

12. Time for Change

The world is shifting, can you see?
Time's dance is different, as different can be.
Every moment calls for a new stand,
Wake up, every woman and man!
Open your eyes, look around,
Hear the earth, feel its sound.

Youth, today is your day,
Honor the earth, come what may.
With her blessing atop your head,
It's time to lead, not just be led.
Change your steps as times renew,
The world's waiting, counting on you.

Break the chains that hold you tight,
Ignite your spirit, shine your light.
It's not just about the long journey's end,
But every moment, every bend.
Now's the difference between old and new,
For the world is changing, and so must you.

१३. सपनाका कुरा

13. Dreams Spoken

१३. सपनाका कुरा

त्यो बिरानो ठाउँमा
अत्तालिएर लड्दा,
भिडभाडको घच्चाघमासानमा
ठेस लागेर पछारिँदा
कतैबाट कुनै हात अघि बढेनन्।

त्यो अन्जान देशमा
अन्जान यात्रीझैँ
भौँतारिएको बेला,
अलिकति डर पनि पिडा बोकेर
रन्थनिदैं,
लर्खरिदैं,
अघि बढिरहेको बेला
लौ है, भनि बाटो देखाउने
त्यहाँ कुनै औँला थिएनन्।

13. Dreams Spoken

In that deserted place,

Struggling amidst the noise,

In the chaos and busy race,

When tripped and pushed behind,

No hand reached out in kind.

In that unknown land,

Like a lone wanderer I stand,

When stumbling in despair,

A mix of fear and a little care,

Moving on, taking a stride,

Wishing for guidance on the ride,

But alas, no voice to guide, no beacon wide.

14. Society's Gaze

१४. समाजको आँखा

१४. समाजको आँखा

कर्कट राशिको चाला टेढो छ,
घ्यु निकाल्ने औँला टेढो छ,
राजनीतिको भाका टेढो छ,
तर सबैभन्दा त यहाँ
समाजको आँखा टेढो छ।

आफूखुसी पल्टँदैनन् जिन्दगीको पानाहरू,
सङ्गीतबिना गाइँदैनन् जीवनका गानाहरू,
पलपलमा आफूले आफ्नै पाइला चल्नुपर्छ,
तर हर पाइलामा तर्सिइरहन्छन् समाजका आँखाहरू।

हाँस रोऊ मर बाँच,
मतलब सधैँ राख्नुपर्ने
हेर्दा पनि बोल्दा पनि,
उल्टो नजर फ्याँक्नुपर्ने
सिधा बाटो हिँड्दा पनि बाङ्गो चाल देख्दो रहेछ
यो समाजको आँखा त्यस्तै सिधैँ उल्टो हेर्दो रहेछ।

दिल खोलेर हाँसीदिँदा उत्ताउलोको संज्ञा दिन्छन्
लक्ष्य छुन अघि बढ्दा देखावटी भनिदिन्छन्
भन्नेहरू भन्दै गरुन् जवाफ केहि दिनु छैन
समाजको यो नजरलाई सोझ्याउनु मैले छैन ।।

14. Society's Gaze

The path of Cancer is skewed,
The spout that pours clarified butter, too.
Politics shows a tilted view,
But above all,
Society's eyes are askew.
Life's pages don't always turn with glee,
Songs of existence often sung without spree,
With each step, independence is the plea,
Yet, society's eyes always scrutinize me.

Laugh, cry, live, or die,
Always a motive you must apply,
Walking straight or giving a reply,
Society's eyes, they always pry.
Walking straight, yet perceived aslant,
Society's vision, with its constant chant.
Openhearted laughter gets a raised brow,
Chasing dreams, they ask "why?" now

Though many may speak and critique my way,
I've no answer to society's constant display,
I can't change how society perceives or say,
In its gaze, I'll find my own way.

15. Aimless Journey

१५ . उद्देश्यविहिन यात्रा

१५ . उद्देश्यविहिन यात्रा

उकालीमा हिँड्नुपर्दा,
लौरो छैन हात्तमा
काँडाघारी छिचोल्नुपर्दा
हँसिया छैन साथमा
"कता जाने साथी?"
तर खोई, उत्तर छैन
केवल पाइला एकनासले अघि बढ्दै छन् ...

भोक लाग्ने हो कि,
तिर्खा लाग्ने हो कि!
"साथमा के बोक्यौ साथी?"
तर,
अझै पनि ओठमा जवाफ छैन
'ढुङ्गेधारा' र 'गिट्ठाभ्यकुर' को आशमा
अनि 'वनतरुल' र 'खनिया' को आशमा
केवल आशैआशमा,
पाइला एकनासले अघि बढ्दै छन् ...

15. Aimless Journey

When climbing uphill,

No stick in hand to assist the will.

Treading thorny paths,

No knife in tow, facing nature's wraths.

"Where are you headed, my friend?"

Yet, no answer to send,

Just footsteps, steadily on the mend...

Is it hunger that drives,

Or a thirst that strives?

"What's in your bag?"

Still, silence is his state.

Hoping for a rock's shade, a tree's bend,

With dreams of rivers and paths that wend,

In hope and dreams,

His steps never end...

१६. प्रणाम कोसेली चढाउँछु

16. A Token of Respect

१६. प्रणाम कोसेली चढाउँछु

मन त लाग्छ,
आफ्नो दस धारा रगतले
यस देशको माटो भिजाईदिउँ
राष्ट्रियताको एक्वेरियम सजाईदिउँ
तर,
'मान्छे' कै जात न हुँ
मन अघि सरे पनि यी स्वार्थी हात अघि सर्दैनन्!

इच्छा त जाग्छ,
आफ्नो भएभरको आँसुले
यो धर्तीको प्यास बुझाईदिउँ,
खडेरीमा पनि,
मुर्कट्टे रुखहरू,
पालुवाले ढकमक्क सजाईदिउँ
तर
'पापी' मानव न हुँ
देशकै आँसुले प्यास मेटिइसक्दा पनि यी आँखा
दुई थोपा आँसु 'सौगात' दिन मान्दैनन्!

'मान्छे' को स्वार्थी जात भएर जन्मिएँ,
जे होस्,
रगत न सहि, आँसु न सहि
यी दुई हात दह औँला जोडेर,

स्वार्थी सहि, यी दुई आँखा चिम्लेर,
मेरो राष्ट्रलाई... मेरो प्यारो राष्ट्रलाई
आज,
'प्रणाम' कोसेली चढाउँछु,
'प्रणाम' कोसेली चढाउँछु।।

16. A Token of Respect

In my heart, there's a pull,

To drench this land with the stream of my blood,

And adorn an aquarium of nationalism as I should.

But alas,

I'm not of the 'noble' breed,

For my intentions are always surpassed by selfish deeds.

A desire does arise,

With my tears, to quench this earth's thirst,

To decorate even barren lands with trees and verdant burst.

But alas,

I'm no 'saint', just a man,

Even when the nation's tears are shed, my own seldom began.

Born with the self-centered human trait,

Nevertheless,

If not blood, if not tears,

With hands clasped tenfold,

Though selfish, with tearful eyes that hold,

To my nation... my beloved nation, today,

I offer a gift of 'respect' in every way,

A token of respect, I convey.

१७. किनकि यो कलियुग हो

17. For This is Kaliyug

१७. किनकि यो कलियुग हो

प्रतिगमन –
आज हरेकको आदर्श भएको छ ।
हिजोझैँ,
सभ्यताको अभावले होइन
आज मान्छे
'फेसन' को प्रभावले निर्वस्त्र छ;
अहिलेको युगमा
फेसन नै दर्शन हो फेसन नै विचार हो
फेसन नै संस्कार हो
किनकि -
यो कलियुग हो।

हिजो,
पशुझैं जिउनु बाध्यता थियो
पशुझैं मर्नु विवशता थियो
न उसँग ज्ञान थियो
न त विवेक नै;
तर,
तर आज मान्छे कपटी भएको छ
छली र दुराचारी भएको छ
स्वार्थले फेरि,
पशुतुल्य छ;
यहाँ 'माया', 'ममता', 'स्नेह ' र

'दया' शब्दको अर्थ छैन,
किनकि –
यो कलियुग हो।

हिजो मान्छे,
न सम्बन्ध जान्दथ्यो
न त स्वामित्व नै,
न अधिकार जान्दथ्यो
न त कर्तव्य नै,
अनि,
न परिवार जान्दथ्यो,
न त समाज नै,
एक्लै नै बस्तथ्यो मान्छे,
आज,
एकचोटि फेरि
मान्छे एकलकाँटे भएको छ।

उसँग,
नाम छ, काम छ, अनि दाम छ
ऊ, आफ्नोपन बुझ्न छाडिसक्यो
नातासम्बन्ध खुट्याउन बिर्सिइसक्यो
केवल, नाम र दामको मातले
किनकि –
यो कलियुग हो ।

17. For This is Kaliyug

Regression -

Today's prevailing ideal.

Yet unlike yesteryears,

It's not a lack of civility,

But the sway of 'fashion'

That strips humanity bare.

In this epoch,

Fashion is the philosophy, the thought,

The very culture we tout.

For -

This is Kaliyug.

Once,

Men lived as animals, bound by instinct,

Dying out of necessity,

Devoid of wisdom, devoid of discernment.

But today,

Man is duplicitous,

Deceitful and corrupt,

Selfishness

turns him beast-like.

Here,

words like 'love', 'affection', 'compassion',

Hold no weight,

For -

This is Kaliyug.

Yesteryear's man,

Knew neither relation nor possession,

Knew not of rights or of duties,

Family was unknown, as was society,

He existed in isolation.

Now,

Once again,

Man stands aloof,

~~Boasting a name, a purpose, a price,~~

He's lost his sense of self,

Forgotten bonds and relations,

Bound only by name and worth,

For -

This is Kaliyug.

१८. भो समीक्षा गर्दिन

18. No, I Won't Critique

१८. भो समीक्षा गर्दिन

एउटा
अन्जान कुनामा
च्यापिएर, कुच्चिएर
यस्तो राजनीति र उस्तो राजनीति भन्नेहरू
खोई,
आखिर के पायौ?
तिम्रा दुई वाक्यले यहाँ
राजनीतिको भाका फेरिनेवाला छैन।

'कलम' रूपी हतियार बोकेर
आफैँलाई शक्तिशाली ठानी
मपाईं गर्नेहरू
खोइ,
आखिर के लछारपाटो लायौ र!
तिम्रो मसीको रङ्गले,
राजनीतिको चित्रको स्वरूप फेरिनेवाला छैन!

के सोचेका छौ तिमीहरूले,
जागरण र विरोधका गीत गाउँदैमा
परिवर्तन आउँछ?

भैगो,
यस्ता गीतका शब्द-शब्दलाई

लोहोरी बनाएर

विलासी जीवनमा चैनको निद्रा निदाउँछन् यहाँ ।

ती,

सत्ताका किराहरूलाई

धिक्कार्दै, सराप्तै,

काव्यका हरफ उन्नेहरू,

तिम्रो कुनै शब्दको यहाँ

मूल्य छैन !

आखिर के गयौ तिम्रा कविताहरूले ?

तिमी,

जसका मति फर्काउन लेख्छौ,

'सङ्ग्रह' तिनैबाट विमोचित हुन्छन् ।

यो,

एकोहोरो 'दहीच्युरे' नीतिमा

औँला ठड्याउनुको अब

अर्थ छैन,

त्यसैले म,

मेरा निबन्धमा

तिनको विरोध गर्दिनँ,

भविष्यले

डोहोऱ्याएछ भने पनि

अहँ,

म पत्रकार कदापि बन्दिनँ,

स्वरको कदर भएछ भने कुनै दिन,

म,

विरोध र जागृतिका

गीत गाउँदिनँ,

भैगो,

मेरा कविताका हरफहरूमा

भुलेर पनि

म,

राजनीतिको समीक्षा गर्दिनँ ... ।

18. No, I won't critique

In the shadow of critique, I stand,

In an obscure corner,

branded and scarred,

By the politics of "this" and politics of "that."

In the end,

what have you truly grasped?

Your fleeting words

do not reshape the politics.

With pen poised as weapon,

You deem yourself mighty,

But what profound change have you truly made?

Your ink does not redefine the political portrait.

Do you believe,

Singing songs of awakening and dissent,

Change will dawn?

Alas,

The words of such songs,

Turned to mere firewood,

Fuel the slumber in indulgent lives.

Those,

Who curse and berate

the power-mongers,

with strong words aimed at them,

What did your pen achieve in the end?

Another critique in the realm of petty politics,

No longer holds significance.

Thus, I,

shall not pen against them,

I shall never

conform as a journalist,

And if ever the worth of my voice

is recognized,

I shall not

sing songs of protest,

And as I pen my poems,

I shall never

waste my words

to critique politics.

१९. रामे सहर पसेछ

19. For Rame Has Embraced the City

१९. रामे सहर पसेछ

अस्तिमात्र,
मैले रामेलाई देखेँ
उही हाम्रो माथ्लाघरे रामे -
सहर पसेछ
अनि,
त्यही रामे 'रेम्बो' भएछ यहाँ;
बडो स्वाभिमानी र राष्ट्रभक्त पो थियो ऊ
उसलाई पनि सहरको हावापानीले छोएछ।

ओहो !
गाउँमा शुद्ध नेपाली बोल्न नजान्ने रामे
सहरमा
दर्बारिया भाषा ओकल्न थालेछ ;
गाउँमा,
एउटा कछाड बेरेर
खालीखुट्टा ओल्लो घर, पल्लो आँगन गर्ने
त्यही रामे
आज सुट-बुट र टाईमा ठाँटिएर
पजेरो चढ्ने भएछ।

ऊ
गाउँमा त हिँड्थ्यो, उफ्रन्थ्यो र कुद्थ्यो पो,
यहाँ त उसको सवारी हुन थालेछ;

सन्चो-बिसन्चो सोध्दै
भलाकुसारी गर्ने रामे गाउँले दाजुभाइलाई देख्ता
अब त,
मुन्टो बटार्ने भएछ;
ऊ,
त्यही रामे हो
जो आफ्नो गाउँलाई मुटु ठान्थ्यो
अनि,
यो भड्किलो सहरलाई नर्क मान्थ्यों
तर आज
विदेशभ्रमण उसको जीवनको अंश बनेको छ ।

गाउँका तिनै बा र आमै
सहरमा 'ड्याड' र 'मम्' हुँदारहेछन्
गाउँमा त ऊ हेर्थ्यो मात्र
सहरमा आएपछि दर्शन गर्न थालेछ

गाउँमा,
एउटा गुन्द्रीमा लम्पसार पर्ने ऊ,
सहरमा सुकला हुन थालेछ
ओहो !
गाउँमा त्यही ढिँडो खाएर
शिर ठाडो पार्ने रामे
आज त,
'भुजा ज़्युनार' गर्न पो थालेछ!!!

19. For Rame Has Embraced the City

Just yesterday,

I spotted Rame -

Our village's innocent lad.

Now, he's imbibed the city's air,

And that Rame, he's become a "Rambo" here.

Once proud and patriot to his core,

Now the urban winds have swayed him more.

Ah!

The Rame who never knew city-talk back in our place,

Now fluently spills out the urban phrase.

Where once in his village,

A single cry summoned him from hovel to yard,

Today, he strides in suits and ties, oh how hard!

He,

Who once roamed free on village terrain,

Now rides the city in a car's comfy lane.

Checking his wristwatch, every minute, every hour,

That same Rame who'd greet every villager with power,

Now lifts just his hat in a hasty dour.

It's the very same Rame,

Who loved his village, heart and soul,

But saw this bustling city as a horrid hellhole.

Yet today,

Overseas trips are part of his life's role.

Back in the village, he was "brother" to all,

Now in the city, it's "Dad" and "Mom" they call.

Where he used to glance,

Now he takes a proper look since he came to the town.

In the village,

He'd lay on a simple mat, sleep profound,

Now in the city, he seeks a soft bed around.

Ah!

Our Rame who'd brave the sun, face all aglow,

Now seeks the shade, away from its throw.

And oh!

The same Rame who'd lift boulders, muscles flexed and tight,

Now, he's begun to lift just the "dumbbells" light!

२०. को हो त्यो?

20. Who is That?

२०. को हो त्यो?

ऊ पर,
निकै पर एउटा मान्छे
ठिङ्ग उभिएको छ
जसलाई म
कहिले बुद्धझैँ देख्दछु
कहिले हिटलरझैँ देख्दछु
कहिले गान्धीझैँ देख्दछु,
कहिले गोड्सेझैँ देख्दछु
र कहिले लिङ्कन पनि देख्दछु

कहिले म,
एक्काइसौं शताब्दीको खुंखार आतङ्कवादी
बिन लादेनझैँ देख्दछु;
त कहिले अर्को तानाशाह सद्दामझैँ देख्दछु
कतिखेर त आँखामा तुवाँलोझैँ लाग्दा,
उसलाई भगवान् कै प्रतिमूर्तिझैँ पनि देख्दछु
कहिले चन्डालझैँ पनि देख्दछु।

ऊ एकदम ठिङ्ग उभिएको छ,
हल न चल भएर
कहिले उसलाई सबैले पूजा गरेझैँ देख्दछु
कहिले
हातहातमा मसाल लिएर

झोस्न्र खोजेझैँ देख्दछु ।

कहिलेकाहीँ त ऊ बोल्ने पनि गर्दछ,
बोल्दा उसका बोलीमा
प्रजातन्त्र पनि देख्दछु,

बोल्न छाड्यो भने
तानाशाहझैँ ठान्दछु
म,
एकटकले उसैतिर हेरिरहेँछु
ऊ कतिखेर त,
आफूतिर इसारा पनि गर्दछ
त्यसवेला विष्णुकै अवतार ठानी
निहुरिँदै नजिक पुग्छु,
नजिक पुग्दा छल गर्न थाल्दछ र
फेरि छली ठान्दछु
आखिर को हो त्यो?

20. Who is That?

High above,

Far in the distance stands a man,

Whom sometimes,

I perceive as Buddha in stance,

Then as Hitler, with a glance,

Now and then as Gandhi, so grand,

Or maybe as Godse, with a different stand,

And occasionally as Lincoln, of another land.

Sometimes, I see him as ~~the fierce terrorist,~~ Bin Laden, ~~from the past century,~~

Then at times, as the dictator, Saddam, ~~with such mastery,~~

When tears shimmer in my eyes, so misty,

I discern him as a divine entity,

But other times, as a menace, so twisty.

He stands tall and upright,

Without a slight sway,

Now I see him worshiped, in the light of day,

Then again,

Hunted down, in the alleyway. ~~s, they say.~~

Sometimes, he speaks,

And in his words,

Democracy I find,

But when silent,

A dictator's shadow is what's behind.

I gaze intently, and watch him for a sign,

Sometimes he signals,

that makes me feel so inclined,

~~Considering him~~ When in him I see an avatar of Vishnu, I

approach,

But as I near,

He deceives,

And back into the crowd he binds.

After all, who is that?

अन्त्यमा ...

कविता विधामा
जीवनमा कहिल्यै रुचि नराख्ने
मेरा बुबाले जिन्दगीमा प्रथमपटक
यौटा कविता संयोगवश कोर्नुभएको थियो,
म,
उहाँको यो एकमात्र कविता
यहाँ सादर समावेश गर्दै छु।

आज मैले दुलही भित्र्याएँ

आज मैले दुलही भित्र्याएँ
बाजा बजाएर हैन
उनलाई जारी गरेरै ल्याएँ
तर,
यौटी हैन एकैपटक दुईवटी भित्र्याएँ।
एउटी छिन् –
पेट बोकेकी
आजै हो कि भोलिजस्ती
अनि,
अर्की छिन् तीजमा ठाँटिएर
मन्दिर जान लागेकीजस्ती ।
यिनलाई पाउन
म कहाँकहाँ गइनँ,
'कपाली', 'अम्बर' र 'किसान' का घरघर धाएँ।
जारी पनि महँगो हैन
सस्तैमा ल्याएँ
उनलाई देख्ता
घरका सबै प्रफुल्ल पाएँ
साँझपख –
यिनलाई गमलामा सजाएँ ... ।

As I wrap up...

In the realm of poetry,

My father, who never fancied it in life,

Happened to pen a poem, purely by chance,

And I,

Humbly present his sole verse here.

Today, I Brought a Bride Inside

Today, I brought a bride inside,

Not with fanfare or musical pride,

I bought her not with a lavish stride,

Yet,

Two brides, not one, stood side by side.

One seemed -

Heavy with a seed,

Ready to bloom, in today or tomorrow's deed,

And,

The other appeared like a woman dressed,

For Teej, heading to the temple, no less.

To acquire these brides,

I ventured far and wide,

Through 'Kapali', 'Ambar', and 'Kisan' households, I tried.
Though not pricey, they were bought for a small fee,
Their sight made every home member beam with glee.

By evening,
In pots, these brides were set free...

About the Author

Aakriti Pandey Aryal stands tall as a dynamic blend of a Content Strategist and a Digital Marketer, specializing in reshaping brands with a clear sense of purpose in the digital sphere. Wearing the hat of 'Mommy' to two exceptional little beings, Aakriti holds this role as the most pivotal of all her life's titles.

Having founded OTVO (On The Verge Of), Aakriti leads an international ensemble of curious minds, all united by their zest for creating unparalleled digital experiences. Her vast clientele, spread out across the globe, belongs to an array of sectors such as Real Estate, SaaS, Education, Retail, Finance, Sustainability, HR, and even personal brands like authors, podcasters, athletes, and the list goes on. Interestingly, she's become a magnet for authors, podcasters, and speakers and her delight in elevating the digital personas of each author she's worked with is palpable. It's worth noting that writing prowess runs in her blood. Aakriti's father boasts an awe-inspiring 96 books, and her mother has seven literary works to her name. Aakriti too finds herself in a state of flow when she's making magic with words, and is also an insatiable reader, proving that the love for words indeed runs deep in the family.

What's intriguing about Aakriti's journey is her deep-rooted curiosity for human connection. This intrinsic allure nudged her to pivot from her initial finance degree and a solid ten-year stint in the telecom domain, ushering her into the realms of content and digital marketing. A fervent autodidact, she later augmented her expertise with an MBA in Marketing Management. For Aakriti, digital transformation is the art of infusing technology into a digital marketing strategy, sculpting businesses for the better. As an avid technology user and advocate, she's convinced of technology's transformative power, especially for empowering the young, women, and the vulnerable towards STEM.

Presently, while Washington D.C. is her dwelling place, Aakriti, having traveled and worked in numerous countries, resonates with the idea that home is where she anchors herself in any given moment.